Bibliografsche Information der Deutschen Nationalbibliothek:

Die Deutsche Bibliothek verzeichnet diese Publikation in der Deutschen National-
bibliografie; detaillierte bibliografische Daten sind im Internet über http://dnb.d-
nb.de/ abrufbar.

Impressum:

Copyright © 2009 GRIN Verlag, Open Publishing GmbH
Druck und Bindung: Books on Demand GmbH, Norderstedt Germany
ISBN: 9783640533459

Dieses Buch bei GRIN:

http://www.grin.com/de/e-book/143250/der-chief-information-officer

Christoph Pietsch

Der Chief Information Officer

GRIN Verlag

GRIN - Your knowledge has value

Der GRIN Verlag publiziert seit 1998 wissenschaftliche Arbeiten von Studenten, Hochschullehrern und anderen Akademikern als eBook und gedrucktes Buch. Die Verlagswebsite www.grin.com ist die ideale Plattform zur Veröffentlichung von Hausarbeiten, Abschlussarbeiten, wissenschaftlichen Aufsätzen, Dissertationen und Fachbüchern.

Universität Potsdam

Wirtschafts- und Sozialwissenschaftliche Fakultät der Universität Potsdam

Lehrstuhl für Wirtschaftsinformatik und Electronic Government

Der Chief Information Officer

Hausarbeit zum Seminar
Electronic Government
im Sommersemester 2009

eingereicht von:
Christoph Pietsch   10. Semester Verwaltungswissenschaft (Diplom)

Inhaltsverzeichnis

Abkürzungsverzeichnis

CEO	=	Chief Executive Officer
CFO	=	Chief Financial Officer
CIO	=	Chief Information Officer
IM	=	Informationsmanagement
IuK	=	Information und Kommunikation
IT	=	Informationstechnologie

Abbildungsverzeichnis

1 Einleitung

Massiv veränderte Wettbewerbsbedingungen und eine steigende Informationsdichte führen zu einer stetig ansteigenden Bedeutung der Informationstechnologie (IT). Ergänzend ist die IT im Zeitalter des digitalen Business nicht mehr nur Teil des Produktes, sondern auch der Kundenbeziehung. Der Erfolg eines Unternehmens hängt mittlerweile elementar von der Leistungserbringung- und Leistungsfähigkeit der Unternehmens-IT ab. Diese Tatsache veranlasst Unternehmen dazu, ihr spezifisches IT-Potenzial richtig für sich auszunutzen. Vor diesem Hintergrund gewinnen Art und Weise des IT-Managements hinsichtlich der Führung der IT-Abteilung immer mehr an Bedeutung.[1] Die Rufe nach IT-Verantwortlichen, die den Vorstand hinsichtlich den Wettbewerb bestimmender IT-Fragen entlasten und damit die Lücke zwischen technischem und betriebswirtschaftlichem Know-how im Top-Management füllen, werden immer lauter.

In der täglichen Praxis – vor allem im Bereich der Unternehmenspraxis – hat sich seit den 1980er Jahren in den USA und seit dem 21. Jahrhundert auch verstärkt in Europa das Modell des Chief Information Officer (kurz: CIO) als Lösung der benannten Herausforderungen entwickelt und verbreitet.[2] Dabei verbindet der CIO als Vorstandsmitglied die Aufgaben des Informationsmanagements. Der CIO zeichnet sich in diesem Zusammenhang durch eine Vielzahl von Management- und Führungsaufgaben aus und vereinigt viele Kompetenzen und Fähigkeiten auf sich.

1.1 Zielsetzung der Arbeit

Ziel der vorliegenden Arbeit soll die Darstellung des Konzepts des CIO sein. Im Rahmen der Arbeit soll auf die Bedeutung des CIO in der Praxis eingegangen werden. Folgenden Fragestellungen sollen zudem untersucht werden: Welche Aufgaben und Rollen übernimmt der CIO? Über welche Fähigkeiten und Kompetenzen muss ein erfolgreicher CIO verfügen? Wohin steuert die Entwicklung des CIO und welche Faktoren begünstigen diese Weiterentwicklung?

1.2 Aufbau der Arbeit

Nachdem im ersten Kapitel ein Einstieg in das Thema vorgenommen wurde, soll im zweiten Kapitel herausgearbeitet werden, wie sich die IT in den vergangenen

---

[1] Vgl. Bauer 2005, S. 1.
[2] Vgl. Alter 2005.

Jahre vom reinen Produktionsfaktor für Informationen zum strategischen Erfolgsfaktor als Reaktion auf die neue Bedeutung von Information und Informationstechnik entwickelt hat. Das dritte Kapitel befasst sich mit dem Konzept des CIO. Hierbei werden in den Unterkapiteln die Entstehung der CIO-Position, die Aufgaben und Rollen des CIO sowie die Kenntnis als auch die Fähigkeiten des CIO untersucht. Im Weiteren werden erst CIO-Modelle des öffentlichen Sektors auf internationaler und anschließend auf bundesdeutscher Ebene behandelt. Danach werden im fünften Kapitel Erfolgsfaktoren des CIOs beschrieben. Die Arbeit wird im sechsten Kapitel mit dem Fazit und Ausblick abgeschlossen.

2 Herausforderungen durch den IT-Wandel

Das zweite Kapitel hat die Aufgabe den IT-Wandel und die raus resultierenden Herausforderungen darzustellen. In drei Abschnitten soll erst auf die Bedeutung des Produktionsfaktors Information, anschließend auf den Übergang der IT zum strategischen Erfolgsfaktor und drittens die konsequente Entwicklung des Informationsmanagements auf Basis der neuen Rolle von Information und IT eingegangen werden.

2.1 Information als Produktionsfaktor im Unternehmen

Informationen als Produktionsfaktor werden als Basis für zielgerichtetes Handeln im Rahmen betrieblicher Aufgabenerfüllung angesehen.[3] Diese Betrachtung ist notwendig, da Herstellungs- und Verwertungsprozesse von Produkten belegen, dass Informationen und Wissen zur Kombination der klassischen Produktionsfaktoren unausweichlich sind.[4] Neben den drei altbewährten Faktoren Arbeit, Material sowie Betriebsmittel werden Informationen als paritätische Produktionsfaktoren klassifiziert.[5] Unter den gegenwärtigen Wettbewerbsbedingungen haben Informationen damit den gleichen Stellenwert für die Leistungserstellung und den Unternehmenserfolg wie klassische Produktionsfaktoren.[6] Die Aufgabe von Unternehmen muss deshalb darin bestehen, Prozess festzulegen, die der Beschreibung der Informationsbeschaffung- und Verwaltung dienlich sind.[7] Die Generierung von Erfolgspotenzialen durch die Ressource Information ist dabei nur in Unternehmen möglich, die befähigt sind, aus

---

[3] Vgl. Krcmar 2005, S. 17.
[4] Vgl. Pietsch/Martiny/Klotz 2004, S. 4.
[5] Vgl. Hübner 1996, S. 3.
[6] Vgl. Link 2004 S. 152.
[7] Vgl. Schwinn/Schnider 2002, S. 4.

Informationen gewonnenes Wissen in marktreife Erzeugnisse und Dienstleistungen umzusetzen.

2.2 Rollenwandel der IT zum strategischen Erfolgsfaktor

IT bildet heutzutage die Basis für eine erfolgreiche Informationsverwendung. Unter IT kann „die Gesamtheit der zur Speicherung, Verarbeitung und Kommunikation zur Verfügung stehenden Ressourcen sowie Art und Weise, wie diese Ressourcen organisiert sind"[8] verstanden werden.

Mit den Anfängen der betrieblichen Datenverarbeitung in den 1970er und 1980er Jahre standen im Rahmen der damaligen IT regelbasierte Stapelverarbeitung und die teilweise Automatisierung von Einzelaufgaben (Buchhaltung, Nettogehaltsermittlung) im Fokus. Seit den 1990er Jahren war eine zunehmende Entwicklung in Richtung interaktiver Onlinesysteme erkennbar, die das Ziel der Optimierung des Geschäfts durch IT hatte.[9] Die Senkung der Informationskosten sowie die Reduzierung der Rechenzeiten[10] wurde unter anderem durch die Zuhilfenahme der betriebliche Standardsoftware SAP erreicht, um nur einen Vertreter zu nennen.

Im 21. Jahrhundert wird die Unternehmens-IT vielfach als „Waffe" im Wettbewerb und Ausgangspunkt neuer Geschäftsideen betrachtet.[11] Computergestützte Informationssysteme sind maßgebend für die Unterstützung des Top-Managements. Heute steht der Erfolg im Beziehungswettbewerb im Vordergrund.[12] Parallel dazu hat die IT zu vielen bedeutenden gesellschaftlichen und ökonomischen Veränderungen, wie die Schaffung globaler Märkte oder virtuelle Organisationen, geführt.

Aufgabe der IT im 21. Jahrhundert ist nicht mehr nur die punktuelle Unterstützung, sondern sie dient in besonderem Maße der Umsetzt des Kerngeschäftes über die gesamte Wertschöpfungskette hinweg.[13] Die Implementierung und neuer IT-Anwendungen kann auch ganze Paradigmenwechsel oder das Entstehen neuer Branchen bewirken.[14] Die Verwendung von IT darüber hinaus neben Effizienzvorteilen auch Wettbewerbs- und Marktvorteile nach sich ziehen. Die IT-Entwicklung von der Unterstützungsfunktion zu einem Teil des Geschäftserfolgs ist in Abbildung 1 veranschaulicht.

---

[8] Krcmar 2005, S. 27.
[9] Vgl. Gadatsch/Mayer 2005, S. 33ff.
[10] Vgl. Buxmann 1999, S. 714ff.
[11] Vgl. Synnott 1987, S. 3ff.
[12] Vgl. Pietsch/Martiny/Klotz 2004, S. 60.
[13] Vgl. Michels/Pölzl 2004, S. 3.
[14] Vgl. Krcmar/Leimeister 2001, S. 31.

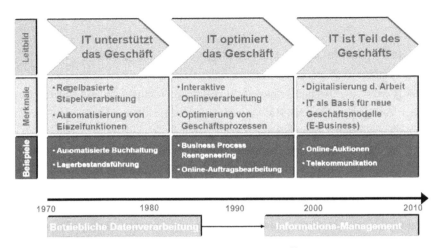

Abbildung 1: Von der Technik- zur Geschäftsorientierung[15]

Die IT hat sich innerhalb der modernen globalen Industrie- und Dienstleistungsgesellschaft zu einem strategischen Erfolgsfaktor in Unternehmen entwickelt.[16] Langfristiger Erfolg von Unternehmen macht es erforderlich, schnell und angemessen auf veränderte Anforderungen und Aspekte der IT reagieren zu können.[17] Um eine optimale Nutzung der Unternehmens-IT sicherstellen zu können, bedarf es spezieller Kernkompetenzen. Hierzu zählen die Anpassung der IT an das Geschäftsmodell, die möglichst günstige und qualitativ hochwertige Versorgung mit IT-Diensten sowie die Entwicklung einer zuverlässigen IT-Architektur.[18]

2.3 Informationsmanagement als Reaktion auf die neue Bedeutung von Information und IT

Die Bedeutung des Produktionsfaktors Information für die Erfüllung von Aufgaben sowie auch der im vorherigen Kapitel 2.2 dargestellte IT-Rollenwandel machen die Fokussierung auf betriebswirtschaftliches Denken im Konzern notwendig.[19] Informationsressourcen müssen professionell geplant, organisiert, verwaltet und ge-

---

[15] Eigene Darstellung nach Gadatsch/Mayer 2005, S. 35.
[16] Vgl. Werner 2001, S. 410.
[17] Vgl. Krcmar/Leimeister 2001, S. 29.
[18] Vgl. Feeny/Willcocks 1998, S. 10.
[19] Vgl. Pietsch/Martiny/Klotz 2004, S. 39. Vgl. Stickel 2001, S. 4.

nutzt werden[20]. Dies ist eine der Ursachen, weshalb sich ein Wandel vom bisherigen reinen Datenmanagement mit der vorrangigen Aufgabe des Betriebs eines Rechenzentrums hin zu einem professionellen Management von Informationen in Unternehmen vollzogen hat[21]. Ende der 1990er Jahre entwickelt sich daraus das „Informationsmanagement" (IM).[22]

Eine einheitliche Begriffsbestimmung wird allerdings nicht verwendet. Das Hauptaugenmerk der Definition liegt auf dem abgestellten Führungshandeln durch Information und Kommunikation[23], wobei IM sowohl Management als auch Technologiedisziplin ist und zu den Bestandteilen der Unternehmensführung zählt.[24] IM soll im Wesentlichen Management-Entscheidungen einer Führungskraft mittels IT-Unterstützung verbessern.[25] IM meint in dieser Arbeit „das Management der Informationswirtschaft, der Informationssysteme, der Informations- und Kommunikationstechniken sowie der übergreifenden Führungsaufgaben"[26].

Ziel des IM ist es, jedem Unternehmensbereich zum richtigen Zeitpunkt, am richtigen Ort und in der richtigen für den Zweck erforderlichen Qualität alle relevanten Informationen zur Verfügung zu stellen.[27] Aufgabe des IM ist damit der effiziente Einsatz der Ressource Information. Unterschieden wird allgemein zwischen operativem und strategischem IM.[28] Für das operative IM ist der Bezug auf die Bereitstellung bereits vorhandener Systeme kennzeichnend, das strategische IM hingegen ist u. a. auf die Entwicklungsrichtung, auf grundlegende Konzepte und Organisationsstrukturen ausgerichtet und kann als Aufgabe der Führung interpretiert werden. Das strategische IM bildet die erforderliche Voraussetzung und Grundlage des operativen IM.

3 Der Chief Information Officer (CIO)

Im dritten Kapitel soll auf Basis der Veränderungen im IT-Bereich und der damit verbundenen neuen Anforderungen an die IT-Verantwortlichen das Konzept des Chief Information Officers (3.1) vorgestellt werden. Im weiteren Verlauf wird auf die Entstehung der Position (3.2), die Aufgaben (3.3) und Rollen (3.4) sowie die erforder-

---

[20] Vgl. Schwinn/Schnider 2002, S. 6.
[21] Vgl. Schwarze 1998, S. 39f.
[22] Vgl. Gadatsch/Mayer 2005, S. 34.
[23] Vgl. Pietsch/Martiny/Klotz 2004, S. 48ff.
[24] Vgl. Krcmar/Leimeister 2001, S. 29.
[25] Vgl. Krcmar 2005, S. 28ff.
[26] Krcmar 2005, S. 49.
[27] Vgl. Schwinn/Schnider 2002, S. 6.
[28] Vgl. Pietsch/Martiny/Klotz 2004, S. 50ff.

lichen Kenntnisse und Fähigkeiten (3.5) eingegangen, die einen erfolgreichen CIO kennzeichnen.

3.1 CIO-Konzept

Der Begriff „Chief Information Officer" findet in den Anfängen der 1980er Jahre durch Synnott und Gruber[29] erstmals Verwendung. Seine Ursprünge hat der Begriff in den Vereinigten Staaten von Amerika. Synnott definiert den CIO in seinem 1987 veröffentlichen Buch „The Information Weapon: Winning Customers and Markets with Technology" als „the highest ranking executive with primary responsibility for information management. The CIO is responsible for the planning and architecture of the firm's information resources, for promoting information technology throughout the firm, and for looking after the corporation's investment in technology"[30]. Der Definition nach ist der CIO auf höchster Management-Ebene verortet. Boyle und Burbridge werden in „Who needs a CIO?" etwas konkreter. Sie definieren den CIO als „an executive with broad responsibility for information technology […] who reports to a high-level corporate officer (e.g. president or CEO)"[31]. Eine eindeutige Begriffsbestimmung ist jedoch nahezu unmöglich[32], was insbesondere durch unterschiedliche Verantwortungsbereiche und Aufgaben deutlich wird[33]. Primär liegt dies in der unterschiedlichen Ausprägung der Rollen in verschiedenen Ländern sowie in der starken Modifikation der Kompetenzen des CIO.[34]

Grundsätzlich ist der CIO Systemarchitekt und kann nicht als reiner Techniker verstanden werden. Synnott differenziert zwischen dem technikorientierten „Data Processing Manager" und dem „emerging CIO".[35] CIOs sind „business men first, managers second, and technologists third – in that order"[36] und befassen sich damit in erster Linie mit strategischen Aufgaben, sind zweitens Manager mit diversen Aufgaben und erst an dritter Stelle Techniker, die sich mit dem Datenmanagement beschäftigten[37].

---

[29] Vgl. Alter 2005.
[30] Vgl. Synnott 987, S. 19.
[31] Boyle/Burbridge 1991, S. 13.
[32] Vgl. Krcmar 2005, S. 303f.
[33] Vgl. Daum et al. 2004.
[34] Vgl. Krcmar 2005, S. 303f.
[35] Vgl. Synnott 987, S. 23.
[36] Vgl. Synnott 987, S. 23.
[37] Vgl. Synnott 987, S. 25.

3.2 Entwicklung der Managementposition des CIO

Die Entwicklung der CIO-Managementposition ist eng mit der IT-Entwicklung zum strategischen Wettbewerbsfaktor verbunden und geht mit dem Wandel der Ressource Information zum Produktionsfaktor einher.[38] Die Rolle des CIO ist dabei von der Einstellung des Managements gegenüber der IT, von den beherrschenden IT-Lieferanten sowie vom Anwendungsportfolio der IT abhängig.[39] Krcmar beschreibt den Wandel des CIO als eine Entwicklung vom „Abteilungsleiter Rechenzentrum" zum „Innovationsmanager im Vorstand".[40]

In den 1950er und 1960er Jahren waren eher technische Fähigkeiten des IT-Verantwortlichen gefragt. Seine Zuständigkeit konzentrierte sich allein auf den Computer und er hatte die Aufgabe, die IT für den Betrieb bereit zu halten.[41] Managementqualitäten waren kaum gefragt. In den 1970er Jahren erweiterte sich das Aufgabenspektrum auf das Projektmanagement. Durch die fortwährende und stetig steigende IT-Abhängigkeit der Unternehmen stieg auch das Ansehen des IT-Verantwortlichen. Infolgedessen wurde der Begriff „Information Manager" eingeführt, der in den meisten Fällen an den Leiter des Finanzbereiches berichtete. Die Aufgaben blieben aber ohne strategische Funktion. Ende der 1970er Jahre kam es zu einer stark wachsende Verbreitung von IT-Komponenten, woraufhin der IT-Verantwortliche mehr und mehr Verantwortung übernehmen musste. Seit Anfang der 1990er Jahre und mit zunehmender IT-Dezentralisierung ist der CIO durch die Mitbestimmung des Geschäftsmodells sowie der Wertschöpfung mit Hilfe der IT gekennzeichnet.[42] Er hat damit großen Einfluss auf die Strategieausrichtung von Unternehmen[43], wobei weniger operative Aufgaben als vielmehr prospektives und strategisches Denken vom CIO gefordert sind.[44] Vor allem für die Implementierung technologischer Innovationen ist er wichtiger Impulsgeber für den Vorstand.[45]

3.3 Aufgaben des CIO

Die steigende IT-Abhängigkeit lassen dem CIO immer wichtigere Aufgaben zukommen, die aber vielfach unscharf formuliert sind[46]. Die Aufgaben hängen im

---

[38] Vgl. Hartert 2000, S. 649.
[39] Vgl. Ross/Feeny 1999, S. 2.
[40] Vgl. Krcmar 2005, S. 305.
[41] Vgl. Pietsch/Martiny/Klotz 2004,, S. 180f.
[42] Vgl. Michels/Pölzl 2004, S. 1.
[43] Vgl. Invernizzi/Storbeck 2001.
[44] Vgl. Gottschalk 2001, S. 165.
[45] Vgl. Paravicini/Horvath 2001, S. 461.
[46] Vgl. Quack 2001.

Wesentlichen vom Stellenwert der IT für den Unternehmenserfolg ab und entsprechen den Managementfunktionen anderer Bereiche. Sie sind horizontal gerichtet und tangieren damit alle Unternehmensbereiche Hier wird die Querschnittsfunktion des CIO deutlich. Die wesentlichen Aufgabengebiete des CIO sind die folgenden: Lieferung neuer IT-Produkte, Bestimmung der IT-Strategie, Management der IT-Leistungserbringung und Leitung der IT-Abeilung (Abbildung 2).

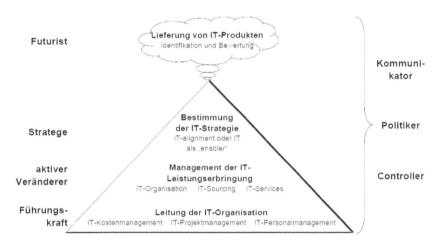

Abbildung 2: Aufgaben und Rollen des CIO[47]

3.4 Rollen des CIO

Im Rahmen der in Abschnitt 3.3 angedeuteten Aufgaben, ist der moderne CIO in mehreren Rollen aktiv tätig, die hier kurz vorgestellt werden sollen.

Bei der Lieferung neuer IT-Produkte kommt dem CIO die Rolle als prospektiv denkender Futurist beziehungsweise als Trendscout für neue Technologie zu, in der er sowohl innovative Technologien erkennen als auch bereits im Bestand befindliche Technologien beurteilen muss. Im Bereich der Bestimmung der IT-Strategie übernimmt er die Rolle als Stratege und ist dafür verantwortlich, die IT-Strategie an der Gesamtstrategie auszurichten (IT-Alignment) oder IT-Potenziale durch neue Unternehmensstrategien zu entwickeln (IT-Enabling). Binnen der IT-Leistungserbringung

---

[47] Eigene Darstellung nach Bauer 2005, S. 27.

sorgt der CIO für eine strategiekonforme Umsetzung der IT-Potenziale im Unternehmen. Eine effektive Organisation der IT zählt ebenso dazu, wie IT-Sourcing oder die Schaffung interner und externer Kundenzufriedenheit. Der CIO tritt als aktiver Veränderer auf. Als Leiter der IT-Abteilung tritt der CIO zudem als Führungskraft auf und ist verantwortlich für die Motivation sowie Aus- und Weiterbildung des Personals, für die IT-Kosten, IT-Projekte und die Gewährleistung der IT-Sicherheit. [48] Die angeführten Aufgabenbereiche gehören zu den strategischen, administrativen und operativen Führungsaufgaben des CIO. Laut Studien aus der Praxis überwiegen strategische Aufgaben mit mehr als 50 Prozent, gefolgt von administrativen Aufgabenstellungen. Operative Aufgaben haben lediglich einen untergeordneten Stellenwert. [49]

Neben den bereits angeführten Rollen ist der moderne CIO als Kommunikator, Politiker und Controller aktiv (siehe Abbildung 2). Als Kommunikator ist der CIO Berater des Managements und damit Bindeglied zwischen IT-Abteilung, externen IT-Lieferanten und dem Top-Management. Als Politiker nimmt er Einfluss auf die bestehende Unternehmenskultur- und Struktur und ist mitverantwortlich für eine effektive IT-Governance[50]-Struktur. In der Funktion als Controller ist er in allen Unternehmensbereichen aktiv. Seine Aufgaben bestehen darin, Kostentransparenz zu schaffen, die IT-Strategie zu operationalisieren und den Zielerreichungsgrad der IT-Strategie anhand von Schlüsselindikatoren zu messen. Zu seinen Aufgaben gehören zudem das IT-Projekt- und IT-Portfoliocontrolling. [51]

Der CIO-Aufgabenbereich umfasst das Gesamtziel, alle IT-Bereiche ständig weiterzuentwickeln und auszubauen, sodass sie für die Zielsetzungen der Unternehmensführung die optimale Unterstützung bieten. Die Gesamtheit seiner Aufgaben ist der Beweis, dass es dem CIO um einen Interessenausgleich zwischen IT-Kosten und den Belangen der Anwender[52] geht.

3.5 Kenntnisse und Fähigkeiten des CIO

Die vorangegangene Darstellung der Aufgaben und Rollen des CIO hat deren abwechslungsreichen Charakter verdeutlicht. Aus den Aufgaben geht hervor, dass technologisches Know-how eine notwendige, für die Erfüllung der gesamten Aufgabe

---

[48] Vgl. Jenny 2001, S. 94f. Vgl. Kirchmann 2004, S. 63ff. Vgl. Krcmar 2005, S. 305. Vgl. Mertens et al. 2005, S. 198. Vgl. Pietsch/Martiny/Klotz 2004, S. 183ff.
[49] Vgl. Krcmar 2005, S. 305. Vgl. Sackenarendt 2003, S. 160.
[50] Unter IT-Governance versteht man die Organisation der IT-bezogenen Aufgaben sowie die Festlegung von Verantwortung für Entscheidungen und Ereignisse im IT-Bereich.
[51] Vgl. Grohmann 2003, S. 18. Vgl. Jenny 2001, S. 94f. Vgl. Krcmar 2005, S. 288. Vgl. Pietsch/Martiny/Klotz 2004, S. 185. Vgl. Steigele 2004, S. 14.
[52] Vgl. Schulz-Wolfgramm 2003, S. 145.

aber keine hinreichende Bedingung ist.[53] Für den Erfolg eines CIO ist ein ausgewogenes Verhältnis seiner Fähigkeiten maßgeblich entscheidend. Neben den fundamentalen Kenntnissen über die Funktionsweise von IT-Systemen ist es unerlässlich, Managementqualitäten zu entwickeln und Prozesse organisieren zu können.[54]

Earl und Feeny haben in ihrer Studie „Is Your CIO Adding Value?" aus dem Jahr 1994 Eigenschaften identifiziert, über die ein guter CIO verfügen muss. Ein erfolgreicher CIO ist danach innovativ, ziel- und systemorientiert, offen und von Geschäftstreue geprägt. Er ist weiterhin Berater, Vermittler, Techniker, Kommunikator und hat betriebswirtschaftliche Erfahrung.[55] Eine Studie von Korn und Ferry aus dem Jahr 1998 belegt, dass die erfolgreichsten CIOs aus dem IT-Bereich hervorgegangen sind. 64 Prozent der CIOs aus den USA und 74 Prozent der CIOs aus Deutschland kommen aus dem IT-Bereich.[56] Die Zahlen machen deutlich, dass technisches Verständnis eine wichtige Grundvoraussetzung ist.

Allgemein wird gefordert, dass ein CIO ein Wirtschaftsinformatiker mit Managementerfahrung und strategischer Kompetenz sein sollte, der zudem über Knowhow im Controlling- und Marketingbereich verfügt.[57] Die wesentlichen Kenntnisse und Fähigkeiten eines erfolgreichen CIO lassen sich in vier Bereich gruppieren: Businesskompetenz, Technikkompetenz, Führungs-/Management-Kompetenz sowie Kommunikationsvermögen. Abbildung 3 konkretisiert die Bereiche.

Im Kontext der Business-Kompetenz muss ein CIO das Geschäftsmodell des Unternehmens insofern verstehen, das er sich aktiv bei der Formulierung der Geschäftsstrategie einbringen kann.[58] Er muss in der Lage sein, IT-Potenziale zu identifizieren, die die Unternehmensstrategie unterstützen können. Daraus wird deutlich, dass ein CIO die Fähigkeit zur proaktiven IT-Planung sowie für den Aufbau einer gemeinsamen Vision haben muss.[59] Dafür sind ein grundlegendes Verständnis betriebswirtschaftlicher Beziehungen und die Befähigung zum strategischen Denken notwendig.

Technische Kompetenzen sind erforderlich, um zu verstehen, wie Technologien zur positiven Geschäftsentwicklung nutzbar gemacht werden können.[60] Voraussetzung ist ein Grundwissen über System- und Netzwerkarchitekturen, Anwendun-

---

[53] Vgl. Pietsch/Martiny/Klotz 2004, S. 185.
[54] Vgl. Weiber/Gassler/Meyer 2002, S. 272.
[55] Vgl. Earl/Feeny 1994, S. 18ff.
[56] Vgl. Korn/Ferry 1998, S. 10.
[57] Vgl. Link 2002, S. 43. Vgl. Link 2004, S. 216.
[58] Vgl. Lutchen 2003, S. 27.
[59] Vgl. Krcmar 2005, S. 305. Vgl. Sackenarendt 2003, S. 166.
[60] Vgl. Robertson-Kidd 2003.

gen und Sourcing-Möglichkeiten.[61] Ebenso sind erweiterte technische Fähigkeiten gefordert. Dazu zählen die Befähigung, Schlüsseltechnologien zu erkennen und zu bewerten oder Kosten von IT-Projekten einschätzen zu können. Der CIO muss in der Lage sein, komplexe IT-Infrastrukturen zu planen und zu koordinieren, um am Ende komplexe IT-Lösungen entwickeln zu können.[62]

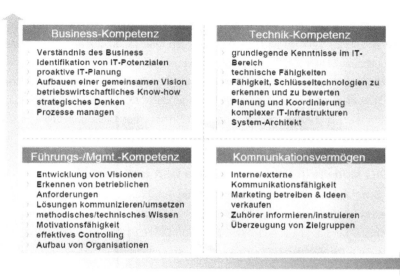

Abbildung 3: Kenntnisse und Fähigkeiten des CIOs[63]

Führungs- und Managementqualitäten sind wesentlich für die Position des CIO. Eine der maßgeblichen Führungsqualitäten ist die Entwicklung von Visionen.[64] Der CIO muss zugleich befähigt sein, betriebliche Anforderungen erkennen, Lösungen kommunizieren und umsetzen zu können. CIOs müssen in ganzheitlich interdisziplinären sowie globalen fachübergreifenden Zusammenhängen denken können.[65] Weitere Führungsqualitäten sind die Fähigkeit zu motivieren, zu führen zu planen und effektiv zu controllen.[66]

---

[61] Vgl. Schubert 2004, S. 67ff.
[62] Vgl. Lutchen 2003, S. 27f.
[63] Eigene Darstellung.
[64] Vgl. Schubert 2004, S. 94f.
[65] Vgl. Krcmar 2005, S. 305.
[66] Bauer 2005, S. 30.

11

Letztendlich ist Kommunikationsvermögen für einen CIO eine wesentliche Basiseigenschaft[67], da er ohne Kommunikation seinen Führungsaufgaben nicht nachkommen kann. Neben der Verständigung mit Technikern bietet er Beratung für das Management an und hat dieses vom Nutzen der IT zu überzeugen.[68]

4 CIO-Modelle in der öffentlichen Verwaltung

Nachdem im dritten Kapitel der CIO spezifiziert wurde, soll im vierten Kapitel dieser Arbeit der Versuch unternommen werden, die Bedeutung des CIO-Konzepts im öffentlichen Sektor erarbeitet werden. Recherchen von Daum et al. aus dem Jahr 2006 zeigen in diesem Zusammenhang, dass in der Praxis von Unternehmen immer mehr CIOs nicht an den CFO, sondern direkt an den CEO berichten.[69] Auch Studien von Broadbent und Kitzis belegen, dass 40 Prozent der CIOs unmittelbar an den CEO berichten.[70]

4.1 CIO-Modelle in Deutschland, den USA und Australien

Seit einigen Jahren ist auch im Bereich der öffentlichen Verwaltung eine zunehmende Verbreitung des CIO-Konzepts zu beobachten. Die Bundesrepublik Deutschland verfügt seit Januar 2008 mit Herrn Dr. Hans Bernhard Beus über einen Bundes-CIO. Der Bundes-CIO ist zentraler Ansprechpartner für die Länder und Wirtschaft bei der Zusammenarbeit mit der Bundesregierung in IT-Fragen. Er verantwortet ein Budget von zirka drei Milliarden Euro. Die Position des Bundes-CIO ist im Bundesministerium des Inneren angesiedelt. Zu seinem zentralen Aufgabenbereich gehören die folgenden Aspekte: Ausbau ressortübergreifender IT-Koordination, Ausarbeitung der eGovernment-Strategie, Steuerung des IT-Sicherheitsmanagements, Entwicklung von Architekturen/Standards/Methoden für die IT sowie die Steuerung und Bereitstellung zentraler IT-Infrastrukturen.[71] Damit ist er zuständig für alle strategischen Fragen des IT-Einsatzes in der Bundesverwaltung und ist gemäß Kabinettsbeschluss an „allen Gesetzgebungsverfahren und anderen Regierungsvorhaben zu beteiligen, die wesentliche Auswirkungen auf die Gestaltung der IT der öffentlichen Verwaltung haben"[72]. Bereits vor Amtsantritt wurde vor der Machtlosigkeit gewarnt,

---

[67] Vgl. Krcmar 2005, S. 305.
[68] Vgl. Quack 2001.
[69] Vgl. Daum et al. 2006.
[70] Vgl. Kitzis/Broadbent 2004, S. 15.
[71] Vgl. Bundesministerium des Inneren 2009.
[72] Bundesministerium des Inneren 2009.

denn gegenüber den mit Ressorthoheit ausgestatteten Ressort-CIOs aus den Bundesministerien darf er kein „Machtwort" im Führungsrat sprechen.[73]

Auch die Vereinigten Staaten von Amerika verfügen seit März 2009 über einen US-CIO. US-Präsident Barak Obama hat den ersten amerikanischen CIO, Vivek Kundra, auf höchster Ebene der Technologie angesiedelt und er berichtet direkt an den US-Präsidenten. Der 34 Jahre alte Kundra war bereits während des Wahlkampfes enger Berater von Obama und verwaltet ein Budget von zirka 71 Milliarden US-Dollar. Ziel soll es sein, den Umgang der Regierung mit Computerdaten sicherer, transparenter und effizienter zu machen.[74] Kundra arbeitet dabei mit Jeffrey Zients, Chief Performance Officer, und Aneesh Chopra, Chief Technology Officer, zusammen.[75]

Bereits seit 2005 ist Ann Steward Australiens CIO. Ihr Ziel ist es, Australiens führende Position im eGovernment beizubehalten und weiterzuentwickeln. Mit ihrer Abteilung soll Steward in den kommenden Jahren zehn Milliarden Dollar einsparen.[76]

4.2 CIO-Modelle in den Bundesländern der Bundesrepublik Deutschland

Bereits im Jahr 1985 hat das Bundesland Baden-Württemberg „dem Amtschef des Staatsministeriums unter der Bezeichnung „Landessystembeauftragter" die koordinierende Zuständigkeit für die Informations- und Kommunikationstechnik der Landesverwaltung übertragen"[77]. 1988 ging diese Aufgabe auf den Amtschef des Innenministeriums über. CIO ist im Grunde nur die aus dem angelsächsischen Sprachgebrauch übernommene Bezeichnung für den Landessystembeauftragten. Bezüglich der Funktionen besteht kein Unterschied. Die eGovernment-Richtlinien vom 8. Juni 2004 regeln dessen Aufgaben.[78] Andere Bundesländer folgen dem Vorbild Baden-Württembergs unter Verwendung des Begriffs CIO.

Mittlerweile (Stand: Juli 2009) haben sieben Landesregierungen einen CIO oder eine vergleichbare Position auf der Landesebene implementiert[79]. In Brandenburg heißt die Position abweichend Chief Process and Innovation Officer (CPIO) und

---

[73] Vgl. CIO 2007.
[74] Vgl. CIO 2009.
[75] The White House 2009.
[76] Vgl. CIO 2009.
[77] Landtag von Baden-Württemberg 2006, S. 2.
[78] Vgl. Landtag von Baden-Württemberg 2006, S. 2.
[79] Vgl. Gronau/Stein/Röchert-Voigt 2009.

wurde 2008 geschaffen.[80] Zuletzt hat das bayerische Kabinett im Mai 2009 den Fi-
nanzstaatssekretär Franz Josef Pschierer zum Beauftragten für IuK der Staatsver-
waltung bestellt. Pschierer soll die eGovernment-Planung und –Umsetzung sowie die
Steuerung des Mitteleinsatzes für IT in Bayern verantworten.[81] Auffällig ist, dass es
sich bei den Bundesländern, die einen CIO installiert haben, mehrheitlich um solche
handelt, die unionsgeführt sind (Baden-Württemberg, Bayern, Hamburg, Hessen,
Niedersachsen) oder zumindest über eine große Koalition unter Beteiligung der Uni-
on verfügen (Brandenburg). Einzige Ausnahme bildet Rheinland-Pfalz, das SPD-
geführt ist.

Als Vorreiter in Deutschland können die Bundesländer Hessen und Rheinland-
Pfalz angesehen werden, die durch ihre überzeugenden eGovernment-Lösungen
auch beim bundesweiten eGovernment-Wettbewerb 2006 (Hessen) und 2008
(Rheinland-Pfalz) ausgezeichnet wurden. Die eGovernment-Strategie Hessens ist
durch einen Masterplan gekennzeichnet, der etwa 100 Einzelprojekte unter finanziel-
len und personellen Aspekten zeitlich abbildet.[82] Hessen zeichnet sich dabei durch
seine effiziente Organisationsveränderung aus und weist hohe Wirtschaftlichkeit und
Nutzerzahlen auf. Hessens Masterplan hat dies von Anfang an berücksichtigt. Minis-
terpräsident Roland Koch lies im Regierungsprogramm 2003 festhalten, dass Hessen
als Vorreiter beim eGovernment zu positionieren ist.[83] Mithilfe „modernster IT-
Technik soll landesweit schneller, kostengünstiger und damit natürlich auch bürger-
freundlicher gearbeitet und verwaltet werden"[84]. Dazu wurde ein Bevollmächtigter für
Informationstechnik und eGovernment im Range eines Staatssekretärs in die Lan-
desregierung als CIO geholt.

Besonders am hessischen Modell ist seine Querschnittsaufgabe erkennbar,
wobei der hessische CIO auch für die ressortübergreifende Koordination verantwortlich ist. Dem CIO zur Seite steht die Stabsstelle eGovernment im hessischen Innen-
ministerium die strategische Projekte zentral leitet. IT-Einzelaktionen sind Im Rahmen der Projekte ausgeschlossen und IT-Projekte, die nicht standardkonform sind,
werden gesperrt. Ziel ist die Integration getätigter Investitionen zu gewährleisten und
diese nicht zu Fehlinvestitionen mutieren zu lassen.

---

[80] Vgl. Brandenburg 2009.
[81] Vgl. Move-Online 2009.
[82] Vgl. eGovernment-Wettbewerb 2006.
[83] Vgl. Ebner 2006.
[84] Ebner 2006.

Ein zweites Beispiel ist Rheinland-Pfalz. Das Bundesland hat den eGovernment-Wettbewerb im Jahr 2008 in der Kategorie "Preis des CIO-Boards – bestes Gesamtkonzept" gewonnen. Den Preis gab es für das Projekt "Koordinierung und Steuerung des landesweiten IT-Managements, der innovativen Standortentwicklung durch IT sowie von IT in Bildung, Wissenschaft und Forschung"[85]. Mit der Einführung eines zentralen IT-Managements lassen sich Kosten in der öffentlichen Verwaltung einsparen, die an anderer Stelle nutzbringend in Projekte mit IT-Bezug reinvestiert werden können.[86] Rheinland-Pfalz wurde ausgezeichnet, da das „Gesamtkonzept von IT-Management über Infrastrukturausbau bis hin zum Thema Weiterbildung einen vorbildlichen, ganzheitlichen Ansatz hat"[87].

5 Erfolgfaktoren des CIOs

Bei einer Untersuchung des United States General Accounting Office wurden im Jahr 2001 führende CIOs interviewt. Das Resultat der Untersuchung wird von den Autoren folgendermaßen beschrieben: „The practices are not new ideas in the general management of organizations, but rather are the application of well-founded principles in the maturing area of information technology and management"[88]. Die geführten Interviews brachten am Ende sechs erfolgskritische Faktoren hervor, die in diesem Kapitel nach Doerfer dargestellt werden.

1. **Anerkennung des Anteils der IT an der Wertschöpfung**. Von besonderer Bedeutung ist es dabei, Instrumente zu implementieren, die den Einfluss der IT auf die Geschäftsstrategie hervorheben und die IT Organisation sowie die IT-Prozesse in die Geschäftsprozesse integrieren.

2. **Richtige Positionierung des CIO.** Rolle, Kompetenzen und Verantwortung des CIOs müssen klar definiert und auf die Unternehmensorganisation abgestimmt sein. Zudem sollte der CIO über IT- und Management-Kenntnisse verfügen und Teil des operativen Managements sein.

3. **Sicherstellung der Glaubwürdigkeit der CIO-Organisation.** Der CIO muss vom Top-Management akzeptiert sein und seinen Einfluss nutzbar machen können. Bei IT-Projekten bedarf es der Unterstützung des Managements.

---

[85] eGovernment-Wettbewerb 2008.
[86] Vgl. eGovernment-Wettbewerb 2008.
[87] eGovernment-Wettbewerb 2008.
[88] United States General Accounting Office 2001, S. 9.

4. **Messung von Erfolgen und Ergebnisse zeigen.** Interne und externe Kunden müssen bei der Festlegung von Kennzahlen mit einbezogen werden. Hier muss das Management gewährleisten, dass die IT-Kennzahlen mit den Geschäftskennzahlen abgestimmt werden.

5. **Organisation der Informationsressourcen, sodass sie zum Geschäftserfolg beitragen.** Die CIO-Organisation muss Kenntnis haben, wie ihr Beitrag zum Unternehmen aussehen kann. Zudem sollte sie effizient sowie verlässlich arbeiten und auf Änderungen flexibel reagieren können.

6. **Entwicklung des IT-Humankapitals.** Es müssen Fähigkeiten identifiziert werden, die für ein effektives IT-Management notwendig sind. Zudem müssen Wege gefunden werden, um Talente zu entdecken und diese im Anschluss zu fördern.[89]

Einzelne der genannten Faktoren können durch gezieltes IT-Marketing erzielt werden. Beispielsweise ist vorstellbar, dass der CIO eines Unternehmens in bestimmten Abständen Fragen der Angestellten beantwortet, ausländische Niederlassungen besucht und sich mit Schlüsselanwendern trifft. Weiterhin denkbar sind ein IT-Newsletter oder die Veröffentlichung von IT-Beiträgen in der Mitarbeiterzeitschrift.[90]

Es lässt sich festhalten, dass die Verbindung des ersten, zweiten und sechsten Punktes der Erfolgsfaktoren wichtig ist, denn eine hohe Produktivität der IT ist vielfach von einer modernen Organisationsform abhängig. Dadurch wird eine effektive IT-Nutzung erst möglich.[91] Die Kernaufgabe des CIO liegt darin, eine organisatorische Grundlage zu schaffen, die einen effizienten IT-Einsatz ermöglicht.

6 Fazit und Ausblick

Die vorliegenden Arbeit hatte die Aufgabe, dass Konzept des CIO vorzustellen und hinsichtlich seiner Bedeutung zu diskutieren. Dazu wurden eingangs der Arbeit die Herausforderungen durch den Wandel der IT charakterisiert, um im Anschluss das Informationsmanagement abzubilden. Das zweite Kapitel hat verdeutlicht, dass sich durch den IT-Wandel zu einem strategischen Erfolgsfaktor die Prioritäten im

---

[89] Vgl. Doerfer 2007, S. 49.
[90] Vgl. Quack 2006.
[91] Vgl. Bresnahan/Hitt/Brynjolfsson 2002.

Management verändert haben, wodurch das CIO-Konzept als Instanz auf höchster Managementebene entstehen konnte.

Im dritten Kapitel wurde sichtbar, dass sich im Laufe der Jahre eine stark kontextbezogene Entwicklung der Aufgaben des CIO vollzogen hat. Das heutige CIO-Konzept ist durch Mitbestimmung von Wertschöpfung und Geschäftsmodell geprägt. Die Ausarbeitungen haben illustriert, dass der CIO eine Fülle von Aufgaben übernimmt, die alle Unternehmensbereiche tangieren. Er muss als Generalist agieren und mehrere Rollen in sich vereinen. Dabei bewegt er sich in einem Spannungsfeld zwischen der Rolle als Technologiebereitsteller einerseits und als aktiver Mitbestimmer des Geschäftsmodells andererseits – beide Rollen müssen gelebt werden. Voraussetzung dafür bilden die Kombination aus umfassenden Kompetenzen und Fähigkeiten, die einen erfolgreichen CIO ausmachen. Der ressortübergreifende Charakter der CIO-Position verlangt es, ihn als Teil der Unternehmensführung einzusetzen.

Aus dem vierten Kapitel wurde deutlich, dass der aus wissenschaftlicher Sicht betrachtete CIO im Bereich der angewandten Praxis in der öffentlichen Verwaltung wenig verbreitet ist. Zu beobachten ist jedoch eine zunehmende Verbreitung des CIO-Konzepts. Mit den USA verfügt seit März auch die weltweit größte Industrienation über einen CIO, der die IT-bezogenen Geschicke seines Landes in einer Hand bündelt. Die öffentliche Verwaltung ist dadurch dem Ziel ein Schritt näher gekommen, möglichst keine Insellösungen zu vollziehen.

Es lässt sich feststellen, dass die Rolle des CIO stark von der Einstellung der Verwaltungsspitze und damit den Regierungen abhängig ist. Auch in den Bundesländern der Bundesrepublik Deutschland ist seit 2006 eine Verbreitung des CIO-Konzepts zu beobachten. Vorbilder sind Hessen und Rheinland-Pfalz, die für ihre Gesamtkonzepte 2006 beziehungsweise 2008 beim eGovernment-Wettbewerb ausgezeichnet wurden. Es ist zum gegenwärtigen Zeitpunkt jedoch nicht möglich, von Best Practice zu reden, die sich in einigen Bundesländern durchgesetzt hat. Die vergangenen drei Jahre haben einen ersten Eindruck über die Wirkungen eines Landes-CIO geben können. Für eine abschließende Bewertung bedarf es aber einer längeren Wirkungsdauer, um die Umsetzungserfolge der einzelnen Konzepte konkret analysieren zu können. Zu erwähnen sind an dieser Stelle zusätzlich die vor allem in Deutschland fehlenden Kompetenzen, an denen es dem Bundes-CIO mangelt, da er aufgrund der Ressorthoheit der Bundesministerien keine bindenden Entscheidungen treffen kann.

In Anbetracht der weiter voran schreitenden Durchdringung des öffentlichen Sektors mit IT und dem bereits heute hohen Kosten- und Effizienzdruck wird das CIO-Konzept in Zukunft weiter an Bedeutung gewinnen und sich die Notwendigkeit einer intensiveren Auseinandersetzung mit dem Thema ergeben. Die verstärkte Outsourcing-Tendenz sowie die starke Standardisierung im IT-Bereich, wird die Aufgaben zukünftiger CIOs stärker in Richtung von Abläufen und Prozessen verlagern und die tendenzielle Entwicklung des CIO zum Chief Process Officer (CPO) forcieren.[92]

---

[92] Vgl. Leyland 2001, S. 42f.

Literaturverzeichnis

Alter, A. E. (2005): The Changing Role of the CIO, http://www.cioinsight.com/c/a/Research/The-Changing-Role-of-the-CIO/ (abgerufen am 7. Mai 2009).

Bauer, C. (2005): Das Konzept des Chief Information Officer (CIO) – Bedeutung aus der Sicht von Wissenschaft und Praxis, Kassel.

Boyle, R. D./Burbridge, J.J. (1991): Who needs a CIO?, in: Information Strategy: The Executive's Journal, Nr. 7/1991, S. 12-18.

Brandenburg (2009): Ressort Information Officer (RIO) der Ressorts, http://www.brandenburg.de/sixcms/detail.php?id=149054 (abgerufen am 24. Juli 2009).

Brynjolfsson, E./McGee, K. (2004): Interview. Erik Brynjolfsson.

Bundesministerium des Inneren (2009): Der Beauftragte der Bundesregierung für Informationstechnik, http://www.cio.bund.de/cln_093/DE/Ueber_uns/BflT/bfit_node.html (abgerufen am 6. Mai 2009).

Buxmann, P. (1999): Der Einfluß von Entwicklungen in der Informations- und Kommunikationstechnik auf betriebliche Entscheidungssysteme, in: ZfbF, Nr. 7/8, S. 714-729.

CIO (2007): Machtloser Bundes-CIO, http://www.cio.de/karriere/personalfuehrung/846402/index1.html (abgerufen am 23. Juli 2009).

CIO (2009): Die CIOs der Nationen, http://www.cio.de/karriere/cios_im_portrait/876972/index.html (abgerufen am 23. Juli 2009).

Daum, M./Häberle, O./Lischka, I./Krcmar, H. (2004): The Chief Information Officer in Germany – some empirical findings, http://is.lse.ac.uk/asp/aspecis/20040040.pdf (abgerufen am 25. Juli 2009).

Doerfer, M. (2007): Vom CIO zum CPO, Neuweiler.

Earl, M.J./ Feeny, D.F. (1994): Is Your CIO Adding Value?, in: Sloan Management Review, Nr. 3/1994, S.11-20.

Ebner, F. (2006): Hessens Verwaltung ist bundesweit Vorreiter in der Modernisierung, http://www.egovernment-computing.de/projekte/articles/148165/ (abgerufen am 23. Juli 2009).

eGovernment-Wettbewerb (2006): 6. eGovernment-Wettbewerb 2006, http://www.egovernment-wettbewerb.de/gewinner-2006.html (abgerufen am 24. Juli 2009).

eGovernment-Wettbewerb (2008): 8. eGovernment-Wettbewerb, http://www.egovernment-wettbewerb.de/gewinner-2008.html (abgerufen am 24. Juli 2009).

Feeny, D.F./Willcocks, L.P. (1998): Core IS Capabilities for Exploiting Information Technology, in: Sloan Management Review, Nr. 3/1998.

Gadatsch, A./Mayer, E. (2005): Masterkurs IT-Controlling: Grundlagen und Strategischer Stellenwert, IT-Kosten- und Leistungsrechnung in der Praxis, Mit Deckungsbeitrags- und Prozesskostenrechnung, 2. Aufl., Wiesbaden.

Gottschalk, P. (2001): The Changing Roles of IT Leaders. in: Papp, R. (Hrsg.), Strategic Information Technology: Opportunities for Competitive Advantage, Hershey u. a., S. 150-138.

Grohmann, H. H. (2003): Prinzipien der IT-Governance, in: Brenner, W./Meier, A./Zarnekow, R. (Hrsg.), HMD – Praxis der Wirtschaftsinformatik: Strategisches IT-Management, Nr. 232/2003, S. 17-23.

Gronau, N./Stein, M./Röchert-Voigt, T. (2009): CIO-Modelle.

Hartert, D. (2000): Informationsmanagement im Electronic Business am Beispiel der Bertelsmann AG, in: Weiber, R. (Hrsg.): Handbuch Electronic Business, Wiesbaden, S. 643-654.

Hübner, H. (1996): Informationsmanagement und strategische Unternehmensführung: Vom Informationsmarkt zur Innovation, München.

Invernizzi, F./Storbeck, O. (2001): Unter Laien: Unternehmen holen sich IT-Experten in den Vorstand: Chief Information Officer sollen das E-Geschäft auf Trab bringen, in: Handelsblatt, Nr. 60/2001.

Jenny, C. (2001): Chief Information Officer (CIO), in: Mertens, P. (Hrsg.), Lexikon der Wirtschaftsinformatik, 4., vollst. neu bearb. u. erw. Aufl., Berlin u. a.

Kirchmann, E.M.W. (2004): Die gewandelte Rolle des CIO, in: Journal für Betriebswirtschaft, Nr. 2/2004, S. 63-68.

Kitzis, E. S./Broadbent, M. (2004): The New CIO Leader: Setting the Agenda and Delivering Results.

Korn/Ferry (1998): The Changing Role of the Chief Information Officer, Korn/Ferry International London.

Krcmar, H. (2005): Informationsmanagement, 4. überarb. und erw. Auflage. Berlin.

Krcmar, H./Leimeister, J.M. (2001): Wie Informationen sinnvoll eingesetzt werden, in: Frankfurter Allgemeine Zeitung, Nr. 257/2001.

Landtag von Baden-Württemberg (2006): Antrag der Abgeordneten Dr. Reinhard Löffler. Stellungnahme des Innenministeriums zum CIO (Chief Information Officer).

Leyland, N. 2001): Der CIO transformiert sich zum CPO, in: Computerwoche, Nr. 39/2001.

Link, J. (2002): Controlling in der Defensive? Die Zuständigkeiten für Informationssysteme im Widerstreit, in: Weber, J./Hirsch, B. (Hrsg.), Controlling als akademische Disziplin, Wiesbaden, S. 39-48.

Link, J. (2004): Führungssysteme: Strategische Herausforderungen für Organisation, Controlling und Personalwesen, 2. überarb. und erw. Auflage, München.

Lutchen, M. D. (2003): Managing IT as a Business: A Survival Guide for CEOs, New Jersey.

Mertens, P./Bodendorf, F./König, W./Picot, A./Schumann, M./Hess, T. (2005): Grundzüge der Wirtschaftsinformatik, 9., überarb. Aufl., Berlin u. a.

Michels, M./Pölzl, J. (2004): Der CIO – Verwalter oder Gestalter?

Move-Online (2009): CIO für den Freistaat, http://move-online.de/print.php?data=8909&print=pdf (abgerufen am 23. Juli 2009).

Paravicini, M./Horvath, P. (2001): Der IT-Bereich sollte ein wichtiger Impulsgeber für den Vorstand sein, in: Controlling, Nr. 8/9/2001, S. 461-464.

Pietsch, T./Martiny, L./Klotz, M. (2004): Strategisches Informationsmanagement: Bedeutung, Konzeption und Umsetzung, 4., vollst. neu bearb. und erw. Aufl., Berlin.

Quack, K. (2001): Der CIO: Zuerst Leader, dann Technologie, http://www.computerwoche.de/index.cfm?pid=444&pk=524061 (abgerufen am 25. Juli 2009).

Quack, K. (2006): Klappern gehört zur IT-Governance.

Robertson-Kidd, K.A. (2003): Top 10 Führungsqualitäten erfolgreicher CIOs, http://www.zdnet.de/z/itmanager/0,39023861,2136905-1,00.htm (abgerufen am 25. Juli 2009).

Ross, J. W./Feeny, D.F. (1999): The Evolving Role of the CIO, CISR Working Paper Nr. 308, August.

Sackarendt, M. (2003): Der CIO aus dem Blickwinkel des Business, in: Gora, W./Schulz-Wolfgramm, C. (Hrsg.), Informationsmanagement: Handbuch für die Praxis, Berlin u. a., S. 157-170.

Schubert, K. D. (2004): CIO Survival Guide: The Roles and Responsibilities of the Chief Information Officer, New Jersey.

Schulz-Wolfgramm, C. (2003): Corporate Information Officer – Warum und wofür?, in: Gora, W./Schulz-Wolfgramm, C. (Hrsg.), Informationsmanagement: Handbuch für die Praxis, Berlin u. a., S. 143-156.

Schwarze, J. (1998): Informationsmanagement: Planung, Steuerung, Koordination und Kontrolle der Informationsversorgung im Unternehmen, Herne.

Schwinn, K./Schnider, W. (2002): Informationsmanagement: Informationen als überlebenswichtige betriebliche Ressourcen für Unternehmen, http://www.ufd.ch/downloads/1113489239_Informationsmanagement-UFD-2005_b.pdf (abgerufen am 25. Juli 2009).

Steigele, H. (2004): CIO-Brevier: Ernste IT – heiter erklärt: Führungsgrundlagen Band 1, Düsseldorf.

Stickel, E. (2001): Informationsmanagement, München.

Synnott, W. R. (1987): The Information Weapon: Winning Customers and Markets with Technology, New York.

The White House (2009): WEEKLY ADDRESS: President Obama Discusses Efforts to Reform Spending, Government Waste; Names Chief Performance Officer and Chief Technology Officer, http://www.whitehouse.gov/the_press_office/Weekly-Address-President-Obama-Discusses-Efforts-to-Reform-Spending/ (abgerufen am 26. Juli 2009).

United States General Accounting Office (2001): Maximizing the Success of Chief Information Officers. Learning From Leading Organizations., 2001. http://www.gao.gov/new.items/d01376g.pdf (abgerufen am 25. Juli 2009).

Weiber, R./Gassler, H./Meyer, J. (2002): Qualifizierungsanforderungen im eBusiness – Das Berufsbild des Informationsmanager, in: Weiber, R. (Hrsg.), Handbuch Electronic Business: Informationstechnologien – Electronic Commerce – Geschäftsprozesse, Wiesbaden, S. 263-276.

Werner, T. 2001): Hat der CIO im Vorstand eine Zukunft?, in: Wirtschaftsinformatik, Nr. 4/2001.